EXPEDITION NATUR

Anke Küpper

Mein kunterbuntes Garten-Buch

... rund ums Jahr!

Mit Fotos von
Inken Kuntze-Osterwind

moses.

Inhalt

Komm mit in den Garten!

Hast du schon mal an einer Pflanze geschnuppert, die nach Gummibärchen riecht? Oder in ein Blütenbutterbrot gebissen? Willst du lachende Sonnenblumen und gruselige Kürbisgesichter basteln? Wühlst du gern in der Erde? Und hast du Lust, aus winzig kleinen Samen große Pflanzen zu ziehen? Dann fang gleich mit dem Gärtnern an!

In diesem Buch findest du tolle Vorschläge für jede Jahreszeit. Und ganz egal, wie groß oder klein dein Garten ist: Viele Pflanzen brauchen gar kein Beet. Sie wachsen genauso gut auf dem Balkon oder der Fensterbank, in Blumentöpfen, Kübeln oder Balkonkästen.

Aber im Garten leben nicht nur Pflanzen. Du kannst auch überall Tiere finden und beobachten: Käfer, Vögel, Igel, Eichhörnchen, Schmetterlinge, Regenwürmer und viele andere fühlen sich im Garten wohl. In diesem Buch findest du lauter spannende Sachen, die du rund ums Jahr in deinem Garten entdecken und erleben kannst.

Viel Spaß dabei!

Das brauchst du zum Gärtnern

Um mit dem Gärtnern loszulegen, brauchst du vor allem ein paar Blumentöpfe, eine Handschaufel und natürlich Blumenerde. Für dein eigenes Beet im Garten kannst du auch einen kleinen Spaten, eine Gießkanne und eine Hacke gebrauchen.

❀ **Gießkanne**,

denn Pflanzen brauchen Wasser zum Wachsen. Gieße das Wasser nicht auf die Blätter, sondern auf den Boden um die Pflanze herum. Sonst bekommt die Pflanze schnell einen Sonnenbrand.

❀ **Sprühflasche**,

um ausgesäte Samen oder junge Pflänzchen vorsichtig zu befeuchten

Und willst du kleine, selbst ausgesäte Pflänzchen im Haus vorziehen? Dann besorg dir ein Minigewächshaus, Anzuchterde oder Quelltöpfchen aus Torf oder Kokos und eine Sprühflasche. Wenn du deinen Garten später vergrößern willst, leg dir nach und nach noch mehr Gartenwerkzeuge zu.

❀ **Blumentöpfe**
mit Löchern im Boden, durch die Wasser abfließen kann

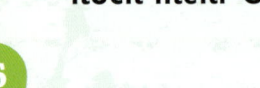

❁ **Spaten**,
um Löcher zu graben, Pflanzen auszubuddeln und Erde umzugraben

❁ **Blumenerde**
mit Nährstoffen für größere Pflanzen

❁ **Anzuchterde**
ist besonders feine Erde zum Aussäen von Samen.

❁ **Minigewächshaus** mit Saatschale und durchsichtigem Deckel, um darin im Frühjahr kleine Pflänzchen aus Samen vorzuziehen

❁ **Kokos- oder Torfquelltöpfchen**: Darin kannst du gut einzelne Samenkörner aussäen.

❁ **Schnur und Bindedraht**,
um Pflanzen an Stütz-stangen festzumachen

❁ **Handhacke**,
um den Boden zu lockern und Unkraut zu jäten

❁ **Schere:**
Vorsicht, scharf! Verwende sie nur, wenn ein Erwachsener dabei ist.

❁ **Handschaufel**
für die Arbeit in Töpfen und um kleine Löcher zu graben

7

Pflanzen vorziehen

Im Frühling ist es für viele Pflanzen draußen noch zu kalt. Auch die allermeisten Samen keimen nur, wenn es schön warm ist. Deshalb zieht man viele Pflänzchen wie z. B. Tomaten schon ab Februar auf der Fensterbank vor und setzt sie erst Mitte Mai nach draußen, wenn es nachts ganz sicher nicht mehr friert.

Samen säen

Es ist ganz leicht, Pflanzen selbst aus Samen zu ziehen. Du wirst staunen, wie aus winzig kleinen Samenkörnchen in ein paar Wochen riesengroße Pflanzen wachsen!

Aussaat im Minigewächshaus

1.

Füll die Saatschale bis ungefähr einen Zentimeter unter den Rand mit Aussaaterde und wässere sie ein wenig mit einer Gießkanne mit einer feinen Brause.

2.

Bohr mit einem Holzstab kleine Löcher in die Erde und leg in jedes Loch ein Samenkorn. Achte darauf, dass du genügend Abstand zwischen den Löchern lässt. Sonst sind sich die Pflänzchen beim Wachsen gegenseitig im Weg. Pflanzen, die bei Licht keimen, streust du nur auf der Erde aus.

3.

Befeuchte die Samen vorsichtig, z. B. mit einer Sprühflasche, denn sie brauchen Feuchtigkeit zum Keimen.

4.

Bedeck deine Samen mit einer dünnen Erdschicht (Ausnahme: Lichtkeimer).

5.

Dann deckst du die Saatschale mit dem durchsichtigen Plastikdeckel ab. Das sorgt für feuchte und warme Luft, die zum Keimen und Wachsen nötig ist. Stell dein Minigewächshaus an einen warmen, hellen Ort, zum Beispiel auf eine Fensterbank über einer Heizung.

6.

Halte die Erde feucht und sieh jeden Tag nach den Samen. Einige Samen keimen bereits nach ein paar Tagen, bei anderen dauert es mehrere Wochen. Sobald du das erste Grün siehst, nimmst du den Deckel deines Gewächshauses einmal am Tag für kurze Zeit ab, damit deine Pflänzchen genug Luft zum Atmen haben.

Umzug in ein größeres Zuhause

Wenn deine Pflanzen-Babys größer werden, brauchen sie mehr Platz. Setz sie vorsichtig in einzelne Töpfe mit frischer Erde um. Pass auf, dass du dabei die feinen Wurzeln nicht verletzt. Am besten fasst du dein Pflänzchen an den unteren Blättern an. Dann löst du es z.B. mit einem kleinen Löffel aus der Erde und ziehst es vorsichtig samt Wurzeln heraus.

Bohr ein Loch in die Erde des neuen Topfes. Halte die Wurzeln deines Pflänzchens in das Loch und drück die Erde außen herum vorsichtig fest. Zum Schluss wird die Erde ein wenig gegossen.

Anzuchterde oder Quelltöpfchen aus Torf oder Kokos?

Mit Quelltöpfchen aus Torf oder Kokos geht die Aussaat loser Samen noch leichter. Es gibt besondere Saatschalen, die im Boden kleine, runde Vertiefungen haben. Leg die Quelltöpfchen dort hinein und wässere sie kräftig. Dann quellen sie um ein Vielfaches auf. In der Mitte haben sie ein kleines Loch. Gib jeweils ein Samenkorn hinein und drück die Erde um das Loch leicht zusammen. Danach musst du die Erde immer gut feucht halten! Besonders das Umsetzen geht leichter mit Pflänzchen in Quelltöpfchen. Du nimmst einfach das Pflänzchen mitsamt Quelltöpfchen und setzt es in einen größeren Blumentopf mit Erde.

Auspflanzen

Ab Mitte Mai ist es endlich warm genug. Jetzt kannst du die Pflänzchen in deinen Garten auspflanzen. Grab für jede Pflanze ein Loch in die Erde, in das sie gut hineinpasst. Setz die Pflanze dann mitsamt ihrem Wurzelballen in das Loch. Füll etwas Erde auf und drück sie leicht an. Frisch ins Beet gesetzte Pflanzen musst du immer gut angießen, damit die Wurzeln nicht vertrocknen.

Umtopfen

Auch Pflanzen, die in Töpfen bleiben sollen, brauchen irgendwann mehr Platz. Wenn die Wurzeln aus dem Loch im Topfboden herauswachsen, ist es Zeit zum Umtopfen. Nimm die Pflanze samt Wurzelballen vorsichtig aus dem Topf und setz sie in einen etwas größeren Topf mit frischer Erde.

Gemüse

Wetten, dass selbst angebautes Gemüse besonders lecker schmeckt? Probier es aus und pflanz gigantische Riesenkohlrabi und Kürbisse, winzige Minigurken, kunterbunte Tomaten oder Möhren und Radieschen in deinen Garten.

Riesenkohlrabi

Aussaat: Vorziehen im Minigewächshaus oder in Töpfen ab März

Auspflanzen: ab Mitte Mai Pflänzchen ins Beet oder in große Kübel setzen

Ernte: ab Anfang September

Der Gartengigant kann bis zu zehn Kilogramm schwer werden, das ist so schwer wie eine richtig dicke, große Katze.

Kürbis

Aussaat: Vorziehen in Töpfen ab Ende März

Auspflanzen: ab Mitte Mai ins Beet setzen

Ernte: von September bis Oktober

Klingt ein Kürbis beim Anklopfen hohl, ist er reif.

Mexikanische Minigurke

Aussaat: Vorziehen ab April im Minigewächshaus

Auspflanzen: ab Mitte Mai in einen großen Topf oder ins Beet setzen

Ernte: vom Sommer bis in den Herbst

Gurken brauchen eine Rankhilfe, an der sie klettern können. Du kannst sie fertig kaufen oder einfach zwei Stangen, zwischen die du etwas Draht spannst, in die Erde stecken.

Die kleinste Gurke der Welt. Ihre Früchte sehen aus wie winzig kleine Wassermelonen.

Tomaten

Aussaat: Vorziehen ab Anfang März im Minigewächshaus oder in kleinen Töpfen

Auspflanzen: ab Mitte Mai in große Töpfe auf Balkon oder Terrasse oder ins Beet umsetzen

Ernte: von Juli bis Oktober

Tomaten wachsen am besten vor Regen geschützt an einer sonnigen Hauswand oder auf dem Balkon. Binde deine Pflanze an einer Stange fest, um sie zu stützen.

Nicht alle Tomaten sind rot. Es gibt auch gelbe, grüne, fast schwarze, orange- und lilafarbene und sogar gestreifte, die heißen Zebra-Tomaten.

Radieschen

Aussaat: ab März im Beet oder Topf

Ernte: vier bis sechs Wochen nach der Aussaat

Nicht alle Radieschen sind rot. Es gibt auch gelbe und weiße.

Möhren

Aussaat: ab Februar direkt ins Beet

Ernte: drei bis vier Monate nach der Aussaat

Möhrensamen sind winzig. Misch sie mit etwas Sand, bevor du sie aussäst.

Kompost: Kraftfutter für Pflanzen

Pflanzen brauchen nicht nur Sonnenlicht und Wasser zum Wachsen. Sie brauchen auch Nährstoffe, die sie über ihre Wurzeln aus dem Boden ziehen. Deshalb düngen Gärtner regelmäßig ihre Beete. Fruchtbare Komposterde ist der allerbeste Dünger für deine Pflanzen. Sie entsteht aus Garten- und Küchenabfällen, die du auf den Komposthaufen gibst.

Das kann alles auf den Kompost:

Gras, verwelkte Blätter, Zweige, Obst- und Gemüsereste wie Kartoffelschalen, zerkleinerte Eierschalen, Kaffeesatz, Teeblätter und alte Blumenerde

Das darf nicht auf den Kompost:

Kranke Pflanzen, Pflanzen mit Samen, gejätetes Unkraut, Fleisch, Fisch, gekochtes Essen, Glas, Plastik

Ein paar Kompost-Regeln:

1. Ein Komposthaufen sollte an einer schattigen, windgeschützten Stelle auf einem Beet oder einer Wiese stehen.
2. Schichte grobe und feine, trockene und feuchte Abfälle locker aufeinander.
3. Misch sie alle zwei Wochen leicht durch.
4. Nach sechs bis neun Monaten hast du fruchtbare Komposterde für dein Beet.

Warum werden Abfälle zu Kompost?

Im Komposthaufen leben viele kleine Krabbeltiere, Regenwürmer und Schnecken. Die Tiere fressen alles, was du auf den Komposthaufen wirfst, machen es klein und scheiden es wieder aus. So verwandeln sie die Abfälle in sechs bis neun Monaten in fruchtbare Komposterde. Diese kannst du dann im Frühjahr oder Herbst auf dein Beet geben.

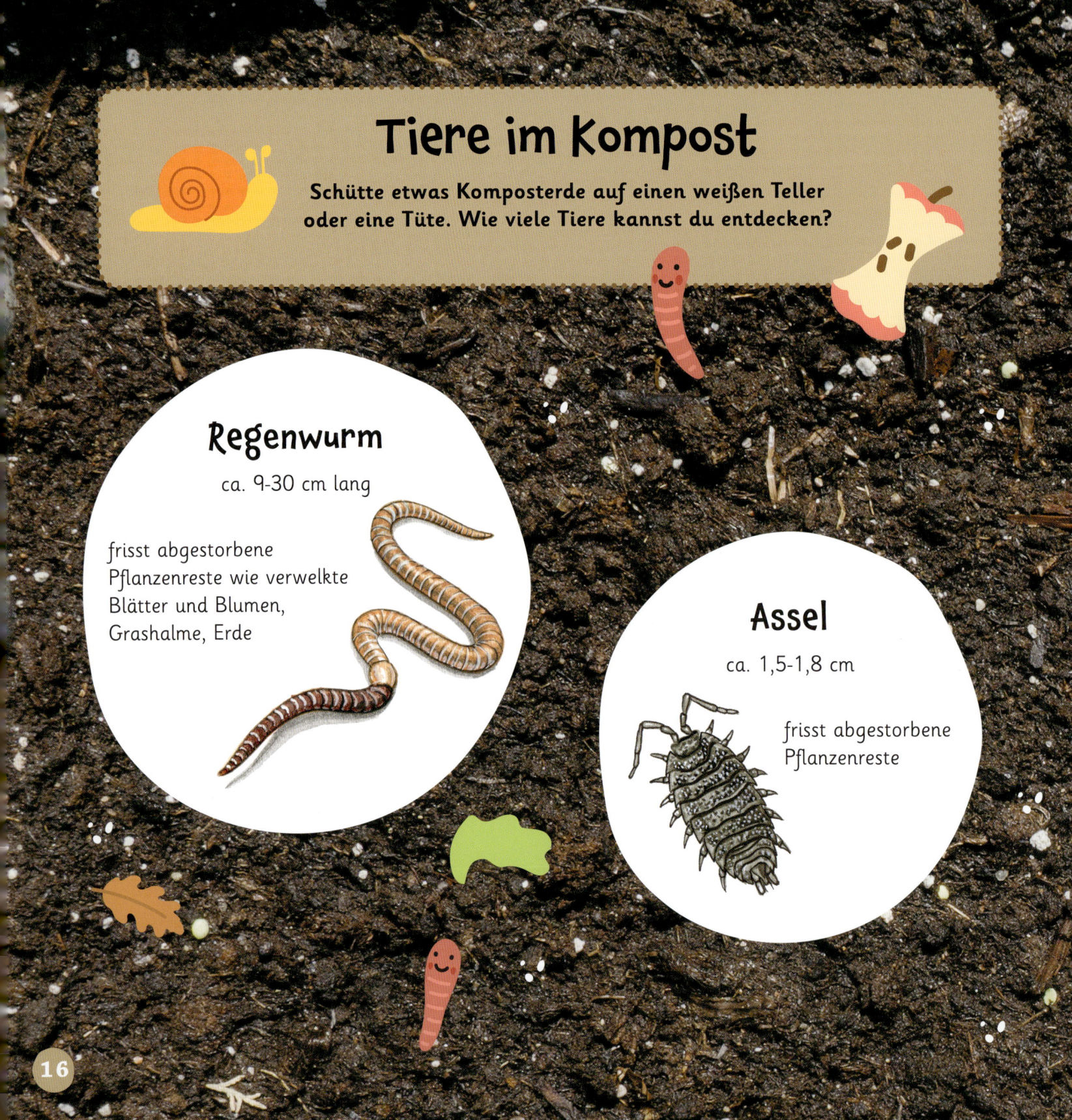

Tiere im Kompost

Schütte etwas Komposterde auf einen weißen Teller oder eine Tüte. Wie viele Tiere kannst du entdecken?

Regenwurm

ca. 9-30 cm lang

frisst abgestorbene Pflanzenreste wie verwelkte Blätter und Blumen, Grashalme, Erde

Assel

ca. 1,5-1,8 cm

frisst abgestorbene Pflanzenreste

Gehäuseschnecke

ca. 3-10 cm lang

frisst frische Salatblätter und andere Blätter, Gemüse und Früchte, aber auch abgestorbene Pflanzenreste

Tausendfüßer

ca. 0,5-5 cm lang

frisst abgestorbene Pflanzenreste, Früchte, Wurzeln

Nacktschnecke

ca. 3-15 cm lang

frisst alles, manchmal sogar tote Regenwürmer und Schnecken

krabbeltiere im Garten

Sie fliegen von Blüte zu Blüte. Sie krabbeln auf Gräsern, Stängeln und Blättern herum. Überall in deinem Garten findest du Insekten wie Bienen, Hummeln, Marienkäfer, Ohrwürmer – und manchmal leider auch Blattläuse – auf der Suche nach Nahrung.

Biene

❀ ca. 11-18 mm lang

Die Honigbiene ist unsere bekannteste Biene. Imker züchten sie in Bienenstöcken und gewinnen so den süßen Bienenhonig. Aber es gibt auch wilde Bienen. Mit ihrem Rüssel saugt die Biene den süßen Nektar aus den Blüten. Dabei sammelt sich der gelbe Blütenstaub an ihren Hinterbeinen. Während die Biene von Blüte zu Blüte fliegt, bestäubt sie diese. Nur so können sich aus den Blüten leckere Äpfel, Kirschen oder Pflaumen entwickeln.

Nicht anfassen! Eine Biene kann stechen, wenn sie sich angegriffen fühlt.

Hummel

❀ ca. 9-23 mm lang

Die meisten unserer Hummeln sind Erdhummeln. Sie legen ihr Nest in Höhlen in der Erde an. Wie die Bienen besuchen Hummeln Blüten und saugen dort Nektar.

Vorsicht: Auch Hummeln können stechen.

Marienkäfer

🍀 ca. 2-9 mm lang

Marienkäfer haben zwei bis 24 Punkte auf ihren meist roten Deckflügeln. Der Siebenpunkt-Marienkäfer ist bei uns am häufigsten. Marienkäfer haben großen Appetit auf Blattläuse. Deshalb findest du sie meist dort, wo es viele Blattläuse gibt.

Blattlaus

🍀 ca. 2-5 mm lang

Blattläuse saugen Säfte aus Blättern und Stängeln von Pflanzen. Dadurch können die Pflanzen krank werden.

Blattlaus

Ohrwurm

🍀 ca. 10-16 mm

Ohrwürmer mögen kein Licht. Tagsüber verstecken sie sich an dunklen, kühlen Plätzen, z. B. unter Blumentöpfen. Sie werden erst aktiv, wenn es dunkel wird.

Mit seinen Zangen am Hinterleib wehrt der Ohrwurm Feinde ab.

Ohrwurm-Glocke bauen

Auch Ohrwürmer fressen gern schädliche Blattläuse.
Bau ihnen ein kuscheliges Nest, dann werden sie
sich bei dir wohlfühlen.

Du brauchst:

- ✿ Etwa 50 cm Schnur
- ✿ Ein Stöckchen, das etwas länger ist, als der Topf breit ist
- ✿ Einen kleinen Tontopf
- ✿ Eine Handvoll Stroh oder Heu
- ✿ Etwas Maschendraht

So wird's gemacht:

Knote das eine Ende der Schnur um die Mitte des Stöckchens. Das andere Ende ziehst du durch das Bodenloch im Blumentopf. Füll dann Heu oder Stroh in den Topf. Damit dies nicht so leicht herausfallen kann, kannst du etwas Maschendraht um die Ohrwurmglocke herumlegen. Hänge die Ohrwurm-Glocke kopfüber an einen Baum.

Insektenhotel bauen

Bienen und andere nützliche Insekten, die die Pflanzen im Garten bestäuben, legen ihre Eier in morsches Holz und abgestorbene Bäume. Du kannst ihnen aber auch eine Nisthilfe bauen.

Lass dir dabei von einem Erwachsenen helfen.

Du brauchst:

* 1 Holzscheit oder Baumscheibe
* Handbohrer oder Bohrmaschine
* Bindedraht

So wird's gemacht:

Bohre in einen Holzscheit oder eine Baumscheibe mit einem Handbohrer oder einer Bohrmaschine unterschiedlich große Löcher von zwei bis zehn Millimetern Durchmesser. Die Löcher müssen nicht besonders tief sein, einige Zentimeter reichen aus. Befestige dein Insektenhotel mit Draht an einer sonnigen bis halbschattigen, wind- und regengeschützten Stelle. Das geht auch gut auf dem Balkon. Schon bald kommen die ersten Gäste, legen ihre Eier in den Bohrlöchern ab und verschließen ein Loch nach dem anderen.

Duftpflanzen & Kräuter

Ein Garten voller Süßigkeiten

Möchtest du einen Garten voller Süßigkeiten? Dann pflanz Blumen, die wie eine ganze Tüte Gummibärchen oder eine Tafel Schokolade duften. Oder du baust Kräuter an, die nach einer Handvoll Kaugummi riechen. Denk auch an eine Zahnputzpflanze zum Zähneputzen!

Duftpflanzen

Duftpflanzen lieben Sonne und Wärme, dann duften sie am stärksten. Einige Pflanzen riechst du schon von Weitem, bei anderen musst du direkt an der Blüte schnuppern. Und manche Pflanzen duften erst, wenn du Blüten oder Blätter zwischen den Fingern reibst.

Einen Duftgarten mit Schokoladen- und Gummibärchenblume® kannst du gut in Blumentöpfen anlegen und ihn auf die Fensterbank, auf den Balkon oder im Sommer in den Garten stellen.

Schokoladenblumen

Magst du lieber Vollmilch- oder dunkle Schokolade? Wenn die Sonne scheint, duften die gelben Blüten der echten Schokoladenblume köstlich nach Vollmilchschokolade. Die dunkelroten Blüten der Schokoladenkosmee riechen wie Zartbitterschokolade.

Gummibärchenblume®

Hmmm, lecker! Die Gummibärchenblume® riecht tatsächlich nach Gummibärchen. Dazu musst du nur die kugeligen, gelben Blütenköpfchen vorsichtig zwischen den Fingern reiben.

Das Riech-mal-Spiel

Erkennst du eine Pflanze nur am Duft? Lass dir die Augen verbinden und dich zu den verschiedenen Duftpflanzen und Kräutern im Garten führen, um daran zu schnuppern. Das geht gut mit Schokoladenblumen, Lavendel, Thymian, Pfefferminze, Zitronenmelisse, Flieder, Hyazinthen und Rosen.

Denk dran: Der Geruch von Kräutern wie zum Beispiel Pfefferminze und Zitronenmelisse wird stärker, wenn du vorsichtig ein Blatt zwischen den Fingern reibst und dann an den Fingern riechst.

Kräuter

Kräuter wie die Kaugummipflanze, die Zahnputzpflanze, Pfefferminze und Zitronenmelisse fühlen sich in Blumentöpfen auf dem Balkon oder einer sonnigen Fensterbank wohl. Und weil sie sogar kalte Winter mit Schnee und Eis überleben, kannst du sie auch gut ins Beet pflanzen.

Zitronenmelisse

Die Blätter der Zitronenmelisse duften und schmecken nach Zitrone. Verwende sie am besten frisch, zum Beispiel für eine leckere Limonade.

Pfefferminze

Die Blätter der Pfefferminze riechen und schmecken nach Menthol. Wenn man sie mit heißem Wasser übergießt, gibt das einen leckeren Tee. Aber auch in einer eiskalten Kräuterlimonade schmecken sie gut.

Kaugummipflanze

Das Marienblatt heißt auch Kaugummipflanze. Warum das so ist? Reib ein Blatt zwischen den Fingern und riech daran: Sofort riecht es nach Kaugummi – und deine Finger jetzt natürlich auch!

Zahnputzpflanze

Genug genascht? Dann kannst du jetzt Zähneputzen. Zupf ein Blatt von einer Salbeipflanze ab und reib mit der rauen Seite ein paar Mal über deine Zähne. Salbei macht die Zähne sauber und du hast wieder frischen Atem.

Kräuterlimonade machen

Bist du durstig? Mit Kräutern aus deinem Garten kannst du eine leckere Limonade machen.

Du brauchst:

- ❀ Einige Stängel von Zitronenmelisse und Pfefferminze
- ❀ 1/2 Liter Apfelsaft
- ❀ 1/2 Liter Mineralwasser
- ❀ Eiswürfel
- ❀ Küchenkrepp
- ❀ Einen kleinen Topf
- ❀ Ein Sieb
- ❀ Einen großen Glaskrug

Tipp:

Auch ein paar essbare Blüten sehen hübsch in deiner Limonade aus. Oder wie wäre es mit Blüten-Eiswürfeln? Wie man sie macht, erfährst du auf Seite 33.

So geht's:

1. Wasche die Kräuter mit kaltem Wasser und tupfe sie mit Küchenkrepp trocken.
2. Zerrupfe sie so klein wie möglich, gib sie in einen Topf und schütte den Apfelsaft hinzu. Lass die Kräuter mindestens eine Stunde ziehen, besser noch über Nacht.
3. Gieß dann alles durch ein Sieb in den Krug und füll diesen mit Mineralwasser auf.
4. Jetzt kannst du noch einen frischen Stängel Minze oder Melisse hineinlegen.
5. Zuletzt gibst du Eiswürfel hinzu. Fertig ist die Kräuterlimonade.

Blüten zum Anbeißen

Wetten, dass selbst angebautes Gemüse besonders lecker schmeckt? Probier es aus und pflanz gigantische Riesenkohlrabi und Kürbisse, winzige Minigurken, kunterbunte Tomaten oder Möhren und Radieschen in deinen Garten.

Kornblume

Die Kornblume wächst oft wild am Rand von Kornfeldern, daher hat sie auch ihren Namen. Sie blüht von Juni bis September. Meist ist ihre Blüte leuchtend blau, manche Kornblumen blühen aber auch rosa. In jedem Fall kannst du die Blüte essen.

Kapuzinerkresse

Die Kapuzinerkresse ist eine der schnellsten Pflanzen. Ihre Samen keimen schon nach ein paar Tagen. Du kannst ihr fast beim Wachsen zusehen. Die orangefarbenen, gelben oder roten Blüten und auch die runden Blätter der Kapuzinerkresse sind essbar. Sie schmecken leicht scharf, ähnlich wie Radieschen.

Wichtig: Frag vorher einen Erwachsenen, wenn du eine Blüte zum Naschen pflücken willst. Und verwende nur Blüten von Blumen aus deinem eigenen Garten. Gekaufte Blumen sind oft gespritzt, es sei denn, sie sind vom Biogärtner.

Borretsch

Borretsch hat wunderhübsche, blaue Blüten, die wie kleine Sterne aussehen. Sie schmecken frisch und mild, ein bisschen wie Gurke. Auch die Borretschblätter sind essbar. Aber sie sind recht rau und kratzig.

Gänseblümchen

Gänseblümchen wachsen fast auf jedem Rasen. Du kannst nicht nur hübsche Kränze aus Gänseblümchen machen. Du kannst sie auch essen. Probier mal eine Gänseblümchen-Blüte! Wie schmeckt sie? Ist sie vielleicht etwas bitter?

Rezept: Blütenbrot

Blütenbrote sehen nicht nur besonders aus, sondern schmecken auch so. Probier es mal aus!

Du brauchst:

- 1 Scheibe Brot
- 1 Esslöffel Butter
- Salz, Pfeffer
- Gänseblümchenköpfe, Kapuziner-kresseblüten oder andere essbare Blüten

So geht's:

1. Bestreich eine Brotscheibe dick mit Butter. Salze und pfeffere die Butter ein wenig.
2. Wasch die Blüten gründlich, aber vorsichtig unter laufendem, kalten Wasser und trockne sie mit Küchenkrepp.
3. Streu sie dann auf das Brot und drück sie leicht an.
4. Schon ist dein Blütenbrot fertig zum Reinbeißen!

Rezept: Blüten-Eiswürfel

Blüten-Eiswürfel sind eine tolle Dekoration für Sommergetränke wie Limonade.

Du brauchst:

- Gänseblümchenköpfe, Borretschblüten, Rosenblätter oder andere essbare Blüten
- Mineralwasser ohne Kohlensäure
- Einen Eiswürfelbehälter

So geht's:

1. Leg gewaschene Blüten von Gänseblümchen, Borretsch, Rosenblätter oder andere essbare Blüten in einen Eiswürfelbehälter und fülle diesen halb mit Wasser. Am besten nimmst du dafür Mineralwasser ohne Kohlensäure, denn so werden deine Eiswürfel später schön klar.
2. Gib das Ganze ein paar Stunden ins Eisfach, bis es festgefroren ist.
3. Füll den Behälter dann vorsichtig bis zum Rand mit Mineralwasser auf und lass es nochmals gefrieren – fertig sind die Blüten-Eiswürfel!

Vorsicht, giftig!

Nicht zum Naschen!

Viele Pflanzen sind giftig. Wenn du sie isst, kannst du sehr krank werden. Dazu gehören zum Beispiel Buchsbaum, Efeu, Fingerhut, Ginster, Hahnenfuß, Lupine, Maiglöckchen und Rittersporn. Steck also niemals etwas in den Mund, von dem du nicht ganz genau weißt, dass es ungefährlich ist.

Buchsbaum

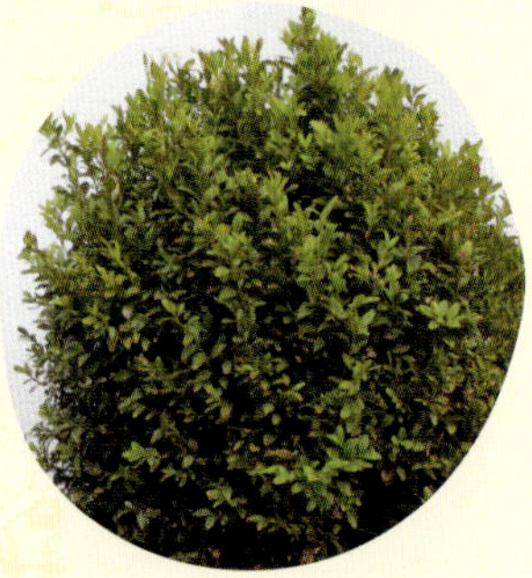

Efeu

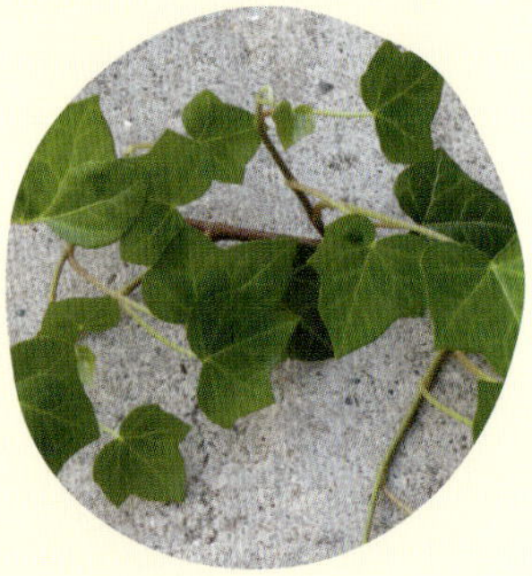

Fingerhut

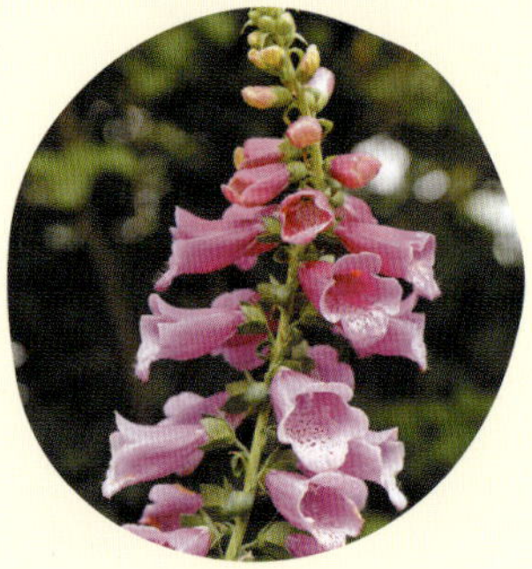

Ginster

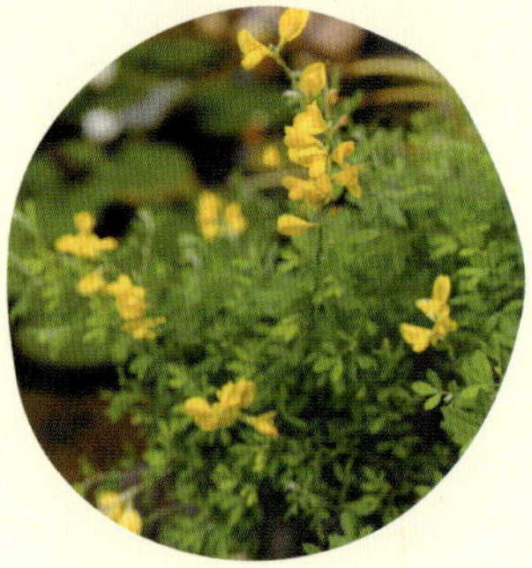

Hahnenfuß

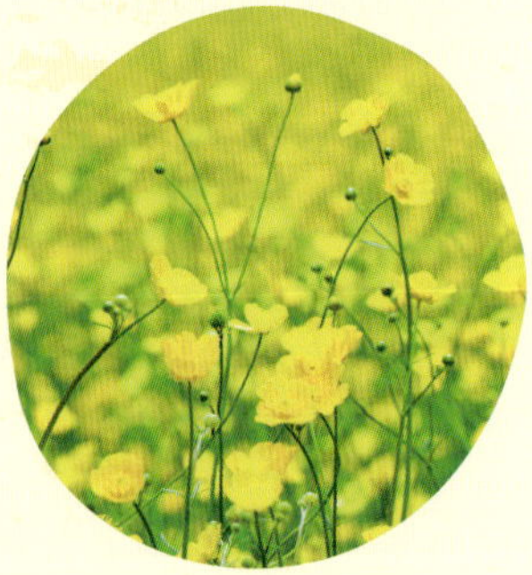

Lupine

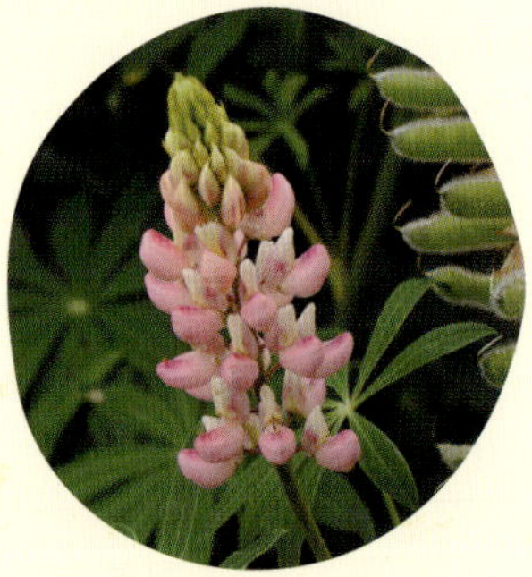

Maiglöckchen

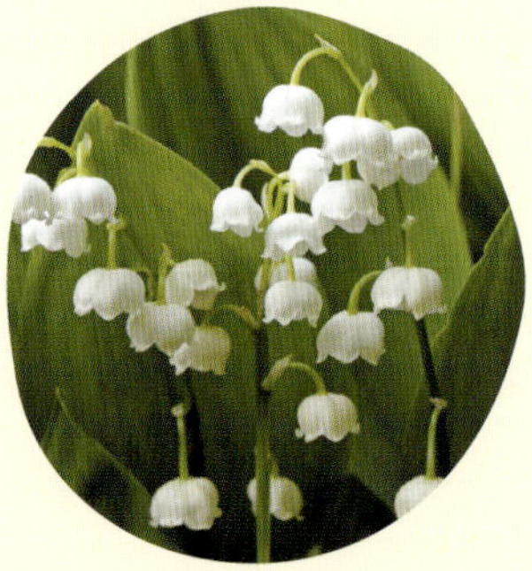

Rittersporn

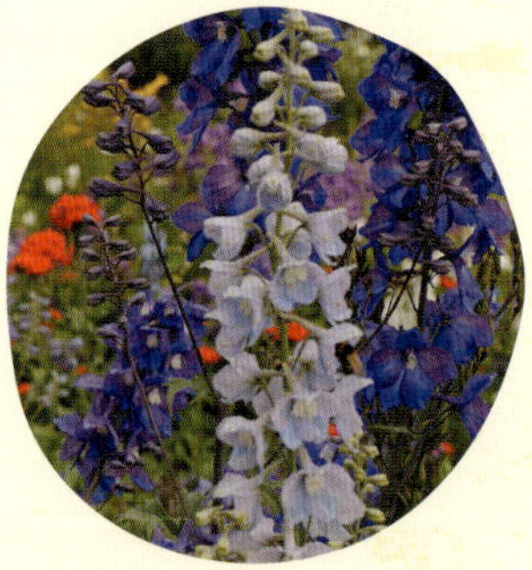

Sonnenblumen-Gesicht

Die Sonnenblume heißt so, weil sie ihr Gesicht immer zur Sonne dreht und weil ihre Blüte mit den gelben Blütenblättern wie eine kleine Sonne aussieht. Auch die allergrößte Sonnenblume ist im Frühling aus einem kleinen Samenkorn entstanden.

Aussaat: Mai bis Juni, 1 Korn direkt in einen Topf. Bei 15 bis 25 °C keimt die Sonnenblume nach ein bis zwei Wochen.

Auspflanzen: Wenn die ersten Wurzeln aus dem Loch im Topfboden herauswachsen, pflanz deine Sonnenblume nach draußen an eine sonnige Stelle. Sie kann im Blumenbeet stehen oder in einem großen Kübel. Sie blüht von Juli bis Oktober.

So geht's:

1. Du kannst deiner Sonnenblume ein lustiges Gesicht oder ein Muster zupfen.

2. Dazu ziehst du die kleinen Röhrenblüten im Inneren der Blüte vorsichtig heraus. Auch wenn der Blütenkopf noch wächst, bleibt das Gesicht erhalten.

Süße Früchte zum Naschen

Im Sommer kannst du Erdbeeren, Himbeeren, Johannisbeeren, Heidelbeeren und Kirschen ernten. Wasch sie vorsichtig ab. Schon kannst du die süßen Früchte naschen. Mmmh, lecker!

Erdbeeren

Ernte: Juni bis Juli

Halte den Stiel mit den Fingern der einen Hand oberhalb der Erdbeere fest und pflück die Erdbeere mit der anderen Hand mitsamt dem grünen Stielansatz ab. Nach dem Waschen wird der Stielansatz herausgeschnitten.

Johannisbeeren

Ernte: Juni bis August

Rote und weiße Johannisbeeren schneidest du am besten oberhalb der Rispe ab. Erst nach dem Waschen zupfst du die Früchte einzeln ab.

Schwarze Johannisbeeren sind nicht so süß wie ihre roten und weißen Geschwister. Sie wachsen auch nicht in Rispen und werden gleich einzeln gepflückt.

Heidelbeeren

Ernte: Juli bis September

Heidelbeeren heißen auch Blaubeeren. Die Früchte wilder Sorten färben beim Essen deine Zunge und die Zähne blau. Aber keine Sorge: Die Farbe geht durch Zähneputzen wieder weg.

Himbeeren

Ernte: Juni bis Oktober

Himbeeren lösen sich ganz leicht vom Stielansatz. Sei vorsichtig beim Pflücken: Himbeerzweige haben kleine Stacheln!

Süßkirschen

Ernte: Juni bis Juli

Ernte Süßkirschen immer mit Stiel. Sonst faulen die Früchte schnell, wenn du sie nicht gleich isst.

Schmetterlinge

Mit ihren zarten, schillernden Flügeln gehören diese
Schmetterlinge zu den schönsten Tieren in deinem Garten.
Weil sie nur tagsüber herumfliegen, heißen sie auch Tagfalter.

Nicht anfassen!
Fass niemals einen Schmetterling an, du könntest seine zarten Flügel verletzen.

Distelfalter

❀ Flügelspannweite: ca. 4,5-6 cm

Ein Wanderfalter, der wie Zugvögel im Winter in den Süden zieht.

Admiral

❀ Flügelspannweite: ca. 5-6 cm

Ein Wanderfalter, der den Winter im warmen Süden verbringt.

Tagpfauenauge

❀ Flügelspannweite: ca. 5-6 cm

Mit den großen Augenflecken auf den Flügeln werden Feinde abgeschreckt.

Zitronenfalter

❀ Flügelspannweite: ca. 5-5,5 cm

Die Flügel des Männchens sind leuchtend gelb, die des Weibchens heller und grünlich.

Großer Kohlweißling

❀ Flügelspannweite: ca. 5-6,5 cm

Weiße Flügel mit schwarzen Spitzen an den Vorderflügeln; die Weibchen haben zusätzlich zwei schwarze Punkte auf den Vorderflügeln.

Kleiner Fuchs

❀ Flügelspannweite: ca. 4-5 cm

Einer unserer häufigsten Schmetterlinge; du kannst ihn manchmal schon im März entdecken.

Nachtfalter

Manche Schmetterlinge fliegen auch abends und nachts von Blüte zu Blüte. Sie heißen Nachtfalter.

Nachtfalter-Pflanzen

Nachtfalter werden von Blüten angezogen, die erst abends duften. Zu den Nachtfalter-Pflanzen gehören die Nachtkerze und die Nachtviole.

Nachtfalter mit einer Taschenlampe anlocken

Willst du Nachtfalter beobachten, locke sie mit einer Taschenlampe hinter einem weißen Bettlaken an. Sie werden sich daraufsetzen, und du kannst sie genau ansehen.

Brauner Bär

❀ Flügelspannweite: ca. 4,5-6,5 cm

Sitzt tagsüber mit geschlossenen Flügeln auf Blättern oder an Baumstämmen; wird er gestört, öffnet er blitzschnell die Vorderflügel, so dass die abschreckende rote Farbe der Hinterflügel zu sehen ist.

Kleines Nachtpfauenauge

❀ Flügelspannweite: ca. 6-8,5 cm

Lebt nur wenige Tage.

Gammaeule

❀ Flügelspannweite: ca. 3,5-4 cm

Ebenfalls ein Wanderfalter, der sich den Winter über im wärmeren Süden aufhält.

Gartenvögel

Viele Vögel sind im Garten zuhause. Sie bauen ihre Nester in Hecken, Bäumen oder Nistkästen. Wenn sie hungrig sind, ziehen sie Regenwürmer aus der Erde oder picken Samen und Knospen auf. Und manche Vögel naschen genauso gern wie wir von Johannisbeeren und Kirschen. Welche Vögel hast du schon mal gesehen? Hast du sie auch rufen und zwitschern gehört?

Amsel

* ca. 24-29 cm lang
* frisst Regenwürmer, Insekten, Schnecken, Beeren und Früchte
* Männchen schwarz mit gelbem Schnabel, Weibchen und Junge braun

Kohlmeise

* ca. 13-15 cm lang
* frisst Insekten und Spinnen
* unsere größte Meise

Blaumeise

* ca. 10-12 cm lang
* frisst kleine Insekten und Spinnen
* blaues Gefieder und kleine, blaue Kappe

Haussperling

* ca. 14-16 cm lang
* frisst Samen und Knospen, Insekten, Essensreste
* ruft häufig und laut „tschilp"
* wird auch Spatz genannt

Elster

- 🌼 ca. 40-51 cm lang
- 🌼 frisst Regenwürmer, Insekten, Spinnen, Schnecken, Essensreste, manchmal auch Eier und Vogeljunge
- 🌼 ruft leicht krächzend „schäck-schäck-schäck"

Zaunkönig

- 🌼 ca. 9-10,5 cm lang
- 🌼 frisst Insekten
- 🌼 winzig mit kurzem, oft steil aufgerichtetem Schwanz
- 🌼 huscht wie eine Maus durchs Gebüsch

Rabenkrähe

- 🌼 ca. 44-51 cm lang
- 🌼 frisst Regenwürmer, Insekten, Schnecken, Früchte, Essensreste, manchmal auch Eier und Vogeljunge
- 🌼 ruft heiser und krächzend „krra-krra-krra"

Rotkehlchen

- 🌼 ca. 12,5-14 cm lang
- 🌼 frisst Insekten, Regenwürmer, Schnecken und Beeren
- 🌼 niedlich, aber streitsüchtig
- 🌼 ruft kurz und hart „tick"

Obsternte

Wenn der Sommer langsam zu Ende geht und es Herbst wird, ist Erntezeit für Äpfel, Birnen und Pflaumen.

Apfel

Gelb, rot, grün, süß oder sauer, groß oder klein: Es gibt ganz viele verschiedene Apfelsorten. Welchen Apfel magst du am liebsten? Eins haben alle Äpfel gemeinsam: einen Stern. Aber wo steckt der? Lass deinen Apfel von einem Erwachsenen quer durchschneiden, dann siehst du einen schönen Stern mit fünf Zacken. Das ist das Kerngehäuse des Apfels. Bis auf die dunkelbraunen Kerne kannst du es essen, wenn es dir nicht zu hart ist.

✿ Je nach Sorte wird der Apfel bei uns im Spätsommer oder Herbst geerntet.

Birne

Birnen sind saftig, süß und weich. Manche sind rundlich, manche länglich, die meisten Birnen bei uns haben einen dicken Bauch und einen schmalen Hals. Ihre Schale ist grün, gelb oder rot und manchmal auch ein bisschen bräunlich. Die Birne hat ein Kerngehäuse wie der Apfel. Sieh mal nach, ob auch ein Stern darin steckt!

✿ Es gibt Birnen, die man im Sommer und im Herbst ernten kann.

Pflaume

Die meisten Pflaumen färben sich blau, wenn sie reif werden. Es gibt aber auch gelbe, grüne und rote Pflaumen. Manche sind kugelrund, andere eher länglich. Alle reifen Pflaumen sind saftig und schmecken süß. In ihrer Mitte steckt ein einziger großer Stein, den du nicht mitessen kannst.

✿ Je nach Sorte werden Pflaumen von Juli bis Oktober geerntet.

Samen sammeln

Im Spätsommer ist Erntezeit für Samen.
Sammle Samen von verblühten Blumen oder
von Früchten, die du gegessen hast. Im nächsten
Frühjahr kannst du sie dann aussäen.

Sonnenblumensamen fallen leicht heraus, wenn
die Blüte vertrocknet ist. Auch Kürbis- und
Tomatensamen sind einfach zu ernten.

Lös aus dem Fruchtfleisch vollreifer Kürbisse
oder Tomaten die Kerne. Das sind die Samen.
Gib sie in ein feines Sieb und wasch sie sauber
ab. Trockne die sauberen Samen auf Papier,
Zeitungspapier oder Küchenkrepp.

Nach ein paar Tagen kannst du sie in Papiertüt-
chen, Briefumschläge oder Streichholzschachteln
legen. Wenn du sie trocken, dunkel und kühl
lagerst, halten sich selbst geerntete Samen etwa
drei Jahre.

Male ein kleines Bild von der Blume oder der
Frucht, deren Samen du geerntet hast. Kleb das
Bild auf das Samentütchen oder die Schachtel.
So siehst du später sofort, welche Samen
darin sind.

Samenbomben basteln

Samenbomben sind kleine Kügelchen aus Ton, Erde und Blumensamen. Du kannst sie im Frühjahr einfach ins Beet werfen. Wenn es regnet, weichen die Kügelchen auf. Und schon bald wachsen daraus die schönsten Blumen.

Du brauchst:

- 🌼 Tonerde oder Lehmpulver
- 🌼 Anzuchterde
- 🌼 Selbst geerntete oder gekaufte Blumensamen, z. B. Sonnenblume, Kornblume, Ringelblume, Stockrose, Kapuzinerkresse, Nachtkerze
- 🌼 Eine Tasse
- 🌼 Eine Schüssel

So wird's gemacht:

1. Misch eine Tasse Tonerde mit zwei Tassen Anzuchterde und einer halben Tasse Samen in einer Schüssel.

2. Gib ungefähr eine drittel Tasse Wasser hinzu. Es muss so viel Wasser sein, dass du die Masse gut kneten kannst.

3. Forme dann kleine Kügelchen und lass sie ein bis zwei Tage trocknen, bis sie ganz hart sind.

Tonerde gibt es zum Beispiel in der Apotheke. Billiger, aber nicht so leicht zu bekommen, ist Lehmpulver für Terrarien. Du kannst auch Baulehm nehmen, der wird aber nur in großen Säcken verkauft.

Zwiebeln und Knollen

Viele schöne Frühlingsblumen wie Tulpen, Osterglocken, Schneeglöckchen, Hyazinthen und Krokusse wachsen aus Zwiebeln oder Knollen. Diese kannst du im Herbst, wenn der Boden noch nicht gefroren ist, ganz einfach in die Erde stecken. Danach musst du nichts mehr tun, nur bis zum nächsten Frühjahr abwarten. Dann stecken überall dort, wo du eine Zwiebel oder Knolle in die Erde gesteckt hast, die Blumen ihre Köpfe aus der Erde.

Pflanz dich selbst!

Du kannst Zwiebeln und Knollen einzeln, in Reihen oder in Kreisen in die Erde stecken. Aber du kannst auch ganz eigene Muster und Figuren pflanzen. Wie wäre es zum Beispiel mit dir selbst?

Das geht so:

1. Leg dich auf den Rasen und breite deine Arme und Beine aus. Lass einen Freund oder eine Freundin um dich herum Zwiebeln oder Knollen, wie zum Beispiel Krokusse, setzen.

2. Für jede Knolle wird mit einem Pflanzholz oder einer Stange ein Loch in den Boden gebohrt. Es muss doppelt so tief sein, wie die Knolle dick ist. Dann wird die Knolle mit der Spitze nach oben hineingesetzt und das Loch mit etwas Gartenerde und ein bisschen Kompost wieder aufgefüllt. Oder du stichst die Erde mit dem Spaten ab, legst die Knolle hinein und das Gras wieder darauf. Vergiss nicht, es wieder festzutreten. Danach musst du nur noch abwarten.

3. Im Frühjahr stecken die Krokusse neugierig ihre Köpfchen aus der Erde. Wenn sie aufblühen, sind die Ränder deines eigenen Körpers auf dem Rasen zu sehen. Je nach Wetter blühen Krokusse vier bis sechs Wochen lang. Lass sie stehen, bis die Blätter gelb werden.

4. Die Knollen bleiben in der Erde und die Krokusse blühen im nächsten Jahr wieder. Dann bist du bestimmt schon viel größer als dein Krokus-Körper!

47

Kürbisgespenst

Hast du im Frühjahr Kürbissamen ausgesät? Dann ist bestimmt ein toller Riesenkürbis in deinem Beet gewachsen, den du jetzt ernten und in ein gruseliges Gespenst verwandeln kannst!

Du brauchst:

- Einen mittelgroßen Kürbis
- Messer

Lass dir dabei von einem Erwachsenen helfen.

So geht's:

1. Schneide den Kürbis gemeinsam mit einem Erwachsenen rund um den Stiel herum auf und nimm den Deckel ab.

2. Höhl den Kürbis sauber mit einem Löffel aus.

3. Zeichne mit einem Filzstift ein Gesicht auf den Kürbis.

4. Dann schneidest du Augen, Nase und Mund vorsichtig mit einem Messer heraus. Anstelle eines Gesichts kannst du natürlich auch ein anderes Muster in den Kürbis schnitzen. Lass dir dabei in jedem Fall von einem Erwachsenen helfen.

5. Wenn es dunkel ist, stell ein Teelicht in deine Kürbislaterne und zünde es an. Das sieht zum Gruseln aus!

Igel

Hast du schon mal einen Igel in deinem Garten getroffen? Dann hast du Glück gehabt, denn der Igel schläft am Tag. Erst in der Dämmerung kommt er aus seinem Versteck, um über Nacht Schnecken, Käfer oder Mäuse zu jagen. Traust du dich nachts heraus in deinen dunklen Garten? Sei einmal ganz still und lausche. Wenn du ein Rascheln oder Schmatzen aus einer Ecke hörst, taucht vielleicht gleich ein Igel auf.

Im Winterschlaf

Der Igel macht einen echten Winterschlaf. Im Spätherbst rollt er sich in seinem kuscheligen Nest ein, sein Herz schlägt nur noch sehr langsam und er atmet kaum noch. Erst wenn es im Frühjahr wärmer wird, wacht er wieder auf.

Ein Unterschlupf für Igel

Igel freuen sich, wenn dein Garten nicht zu aufgeräumt ist. Denn sie verstecken sich gern unter dichten Hecken und Gebüschen, in Reisig- oder Laubhaufen oder in Hohlräumen unter Holzstapeln, Steinhaufen und alten Baumwurzeln.

Im Herbst kannst du ihnen auch einen Unterschlupf aus Steinen, Holz und Laub bauen. Dort können sie dann ungestört ihren Winterschlaf halten.

Barbarazweige

Im Winter sind die Bäume und Sträucher in deinem Garten noch kahl, sie blühen erst im Frühjahr. Willst du die Blüten schon früher hervorlocken? Dann stell am 4. Dezember, dem Tag der heiligen Barbara, ein paar Zweige in eine Vase. Mit etwas Glück blühen sie genau am Weihnachtsmorgen.

Das geht so:

1. Bitte einen Erwachsenen, ein paar Zweige von Bäumen oder Sträuchern zu schneiden. Pflaume, Apfel, Kirsche, Birne, Flieder oder Forsythie eignen sich besonders gut als Barbarazweige.

2. Leg die Zweige zunächst über Nacht in lauwarmes Wasser. Danach werden sie an den Enden schräg angeschnitten, damit sie mehr Wasser aufnehmen können.

3. Anschließend werden sie in eine Vase mit frischem Wasser gestellt. Tausch das Wasser alle paar Tage aus.

Vorsicht: In sehr warmen Räumen oder direkt an der Heizung können deine Zweige vertrocknen.

Vogelsterne

Im Winter finden Vögel oft nicht genug zum Fressen im Garten. Dann freuen sie sich, wenn du sie fütterst. Vögel mögen zum Beispiel Fettstückchen aus Kokosfett oder Rindertalg, Sonnenblumenkerne, Walnüsse, Erdnüsse oder süße Äpfel. Oder du bietest ihnen leckere, selbst gemachte Vogelsterne an.

Du brauchst:

★ 200 g Kokosfett oder Rindertalg

★ 100 g gehackte Nüsse

★ 100 g Sonnenblumenkerne

★ Einen Topf

★ Feste Alufolie

★ Plätzchenausstecher in Sternform

★ Kurze, dicke Nägel

★ Eine Schere

★ Kordel

Lass dir dabei von einem Erwachsenen helfen.

So geht's:

1. Schmelz das Fett bei niedriger Temperatur in einem Topf, bis es sich ganz aufgelöst hat und flüssig ist.

2. Rühr gehackte Nüsse und Sonnenblumenkerne ein. Lass die Masse einige Minuten stehen, bis sich das Fett abgekühlt hat.

3. Leg Alufolie um die untere Seite der Ausstecher. Lass sie am Rand etwa zwei Zentimeter hoch stehen und drück sie fest an.

4. Gieß die leicht abgekühlte Masse hinein. Steck in jeden gefüllten Ausstecher einen Nagel. Wenn die Füllung hart geworden ist, hol ihn wieder heraus und zieh ein Stück Kordel durch das Loch.

5. Häng die Vogelsterne in einen Baum, ans Balkongeländer oder Fenster, und beobachte, wen du damit anlockst.

Eichhörnchen

Eichhörnchen wohnen in Bäumen. Sie klettern und springen flink von Ast zu Ast. Im Winter, wenn die Bäume kahl sind, kannst du sie besonders gut beobachten.

In Astgabeln auf hohen Bäumen baut sich das Eichhörnchen ein kuscheliges Nest aus Zweigen, Blättern und Moos. Zwar verkriecht es sich dort bei Regen, Schnee oder starkem Frost und schläft viel. Aber es hält keinen echten Winterschlaf. Ab und zu, wenn es hungrig ist, muss es das Nest verlassen.

Seinen Wintervorrat hat das Eichhörnchen schon im Herbst gesammelt. Es hat Hasel- und Walnüsse, Eicheln, Bucheckern, Kastanien und Samen aus Zapfen in der Erde vergraben oder in hohlen Baumstämmen versteckt. Nicht immer findet es im Winter alles wieder.

Eichhörnchen anlocken

Willst du Eichhörnchen anlocken? Stell ein Schälchen mit Futter auf, zum Beispiel mit Hasel- und Walnüssen. Schon bald kannst du in deinem Garten Eichhörnchen beim Fressen zusehen.

Eichhörnchen füttern

Mit viel Glück und noch mehr Geduld kannst du ein Eichhörnchen auch dazu bringen, dass es dir aus der Hand frisst. Hocke dich ganz still neben deine Futterstelle, halte eine Nuss zwischen den Fingern und warte ab. Vielleicht kommt schon bald eins der niedlichen Tierchen vorbei und nimmt dir blitzschnell die Nuss aus der Hand.

Pflanzen aus Kernen und Steinen

Aus den Kernen und Steinen von Früchten kannst du neue Pflänzchen ziehen. Probier es gleich mal aus!

So geht's:

1. Du brauchst möglichst reife Früchte. Lös die Kerne oder Steine vorsichtig aus dem Fruchtfleisch und wasch sie sauber ab.

2. Letzte Reste von Fruchtfleisch lassen sich vorsichtig mit Küchenkrepp abreiben.

3. Den harten Mangostein kannst du auch abbürsten. Wie andere Samen auch, keimen deine Kerne oder Steine am besten in Anzuchterde.

Avocado

Leg den sauberen Kern in ein Glas mit warmem Wasser. Stell das Glas auf eine Heizung. Warte ein paar Tage ab, bis sich die dünne, braune Schale löst und der Kern etwas aufplatzt. Dann pflanz ihn mit dem spitzen Ende nach oben so in einen Topf, dass die Spitze noch aus der Erde herausragt. Halte die Erde gut warm und feucht.

Keimzeit: ein paar Wochen

Granatapfel

Steck die vom Fruchtfleisch befreiten Kerne etwa einen halben Zentimeter tief in die Erde und halte sie immer warm und feucht.

Keimzeit: wenige Tage bis Wochen

Melone

Am besten keimen die Kerne von vollreifen Früchten. Reinige die Kerne gründlich. Dann kannst du sie trocknen und bis zu einem Jahr lagern, bevor du sie aussäst. Du kannst sie aber auch gleich aussäen. Stecke sie etwa einen Zentimeter tief in die Erde und halte sie gut feucht und warm.

Keimzeit: 1-2 Wochen

Mango

Steck den Stein der Länge nach in einen Topf mit Anzuchterde. Das spitzere Ende muss dabei nach oben zeigen und zu etwa einem Drittel aus der Erde ragen. Umhülle den Topf mit einer Plastiktüte, stelle ihn an einen warmen Ort und halte die Erde immer gut feucht. Wenn der Stein aufplatzt und der Spross erscheint, nimm die Tüte ab.

Keimzeit: ein paar Wochen bis Monate

Zitrone

Steck die Kerne knapp einen Zentimeter tief in die Erde. Stell deinen Topf oder die Saatschale an einen warmen Ort und halte die Erde feucht.

Keimzeit: mindestens 3 Wochen

Kresseblume

Kresse selber ziehen ist ganz einfach. Denn zum Wachsen braucht
Kresse noch nicht mal Erde, nur Licht und Wasser. Und sie wächst
so schnell, dass du ihr fast dabei zugucken kannst.

Du brauchst:

- ❀ Kressesamen
- ❀ Ein paar Wattepads
- ❀ Einen Teller

So geht's:

1. Leg die Wattepads in Form einer Blüte auf den Teller.
2. Feuchte sie gut an, z. B. mit einer Sprühflasche.
3. Dann streust du die Kressesamen auf die Wattepads. Achte darauf, dass die Samen gleichmäßig verteilt sind.
4. Stell den Teller auf eine Fensterbank. In den nächsten Tagen musst du die Wattepads immer schön feucht halten.

Schon nach einem Tag beginnen die Samen zu keimen. Und nach vier bis sieben Tagen kannst du deine Kresseblume ernten. Am besten schneidest du die einzelnen Pflänzchen büschelweise mit einer Schere ab. Die grünen, scharf schmeckenden Blättchen sind lecker im Salat. Oder du streust sie auf ein Brot mit Frischkäse oder gesalzenem Quark.

Fleischfresser: Venusfliegenfalle

Die Venusfliegenfalle ist eine fleischfressende Pflanze.
Zum Überleben braucht sie ab und zu eine leckere Fliege
oder auch eine Mücke.

So geht die Fliege in die Falle

Wie kann eine Pflanze ein Tier fangen und fressen? Die Venusfliegenfalle hat Fangblätter mit kleinen Härchen auf der Innenseite. Wenn eine Fliege diese Härchen berührt, klappen die Blätter blitzschnell zu. Die Borsten an den Blatträndern sind wie Gitterstäbe und versperren den Ausweg. Die Fliege sitzt in der Falle!

Dann verdaut die Venusfliegenfalle die Fliege. Nach ein bis zwei Wochen öffnen sich die Fangblätter wieder. Nur noch die unverdaulichen Reste der Fliege sind übrig.

Gefährlich für Menschen?

Für dich ist die Venusfliegenfalle absolut harmlos. Berühre die Fallen trotzdem nicht mit den Fingern oder einem Stöckchen! Denn jede Falle kann sich nur ungefähr fünfmal schließen, dann ist sie verbraucht und verwelkt.

Aber wenn du Lust hast, kannst du deine Pflanze ab und zu füttern. Leg ihr eine Fliege oder Mücke auf die Fangblätter.

Gut gepflegt

Die Venusfliegenfalle mag es sonnig und feucht. Im Gegensatz zu anderen Pflanzen hat sie sogar gern richtig nasse Füße. Allerdings mag sie kein Wasser aus dem Wasserhahn, denn sie verträgt keinen Kalk. Gieß sie mit kalkfreiem Regenwasser und lass im Untersetzer immer etwa einen Zentimeter Wasser stehen.

Impressum

© 2023 moses. Verlag GmbH
1. Auflage 2023

moses. Verlag GmbH
Arnoldstraße 13d
47906 Kempen
Fon 0 21 52 - 20 98 50
Fax 0 21 52 - 20 98 60
Mail info@moses-verlag.de
www.moses-verlag.de

ISBN 978-3-96455-273-0

Text: Anke Küpper
Fotos und Illustrationen: siehe Bildnachweis
Layout, Typographie und Satz: Melanie Dahmen
Redaktion: Geesche Oetken
Herstellung: Nicole Bienia

Printed in Latvia

Wir bedanken uns bei den kleinen Gärtnern Lena, Viola, Johanna, Leni, Loyd, Valentin, Feline und Vincent.

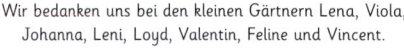

FSC
www.fsc.org
MIX
Papier | Fördert
gute Waldnutzung
FSC® C002795

Klimaneutral
Druckprodukt
ClimatePartner.com/14161-2001-1001

Bildnachweis

Umschlag: Inken Kuntze-Osterwind (Ohrwurmglocke, Blütenbrot, Kinder U4); **Arno Kolb** (Brauner Bär, Gehäuseschnecke, Regenwurm, Aussaat); **Johann Brandstetter** (Zitronenfalter); **Thomas Müller** (Rotkehlchen); **stock.adobe.com:** Alekss (Marienkäfer, Zweige); famveldman (Kinder U1); ksena32 (Sonnenblume); **Ingimage.com:** Kresse, Zitrone, Kürbis

Inhalt: Inken Kuntze-Osterwind (S.1, S.2 o.r., S.4f., S.10, S.11 o.r., S.14, S.20 o.r., S.20 u.l., S.21 u.l., S.22, S.23 m.l., S.24 u.l., S.26 l., S.26 r., S.27 r., S.29, S.30 m.l., S.30 m.r., S.31 m.r., S.32 m.l., S.33 m.r., S.34 Fingerhut, S.34 Ginster, S.34 Lupine, S.34 Rittersporn, S.36 alle, S. 37 o.r., S.37 m.l., S.44 o.r., S.44 m.l., S.45 u.r., S.47 o.r., S.55, S.58 m.r., S.59 o.l., S.59 u.r., S.59 u.l., S.60 m.r., S.61); **Arno Kolb** (S.7, S.8 m., S.11 u.l., S.16 m.l.; S.16 m.r., S.17 o., S.17 u.l., S.18 u.l., S.18 u.r., S.19 o.r., S.38 alle, S.39 alle, S.56 o.l.); **Thomas Müller** (S.17 m.r., S.19 u.r., S.40 alle, S.41 alle); **Kirsten Schlag** (S.51 u.l.); **Shutterstock.com:** Ostanina Anna (S.6 m.l.); TatyanaMalkova (S.8 o.r.); Valentina Razumova (S.8 u.); Jahangir Alam Onuchcha (S.12 u.l.); Jurga Jot (S.15 m.l.); N.Savranska (S. 15 u.l.); Lora_Aks (S.16/17); M. Schuppich (S.21 o.r.); Davizro Photography (S.23 u.l.); Yeti studio (S.23 o.r.); llaszlo (S.24 o.r.); Fercast (S.41 u.r.); Serenko Natalia (S.42); baibaz (S.59 o.r.); Dzm1try (S.62 u.m.). stock.adobe.com: Stéphane Bidouze (S.12 o.r.); LianeM (S.12 u.r.); udra11 (S.13 o.l.); Mr.C (S.13 u.l.); Noel (S.25); Axel Gutjahr (S.27 l.); pholidito (S.31 m.l.); Almgren (S.34 Hahnenfuß); Omika (S.34, Maiglöckchen), Gerisch (S.35 r.); Christian Jung (S.37 u.r.); dp@pic (S.43 m.l.); pics (S.43 m.r.); Cornelia Pithart (S.46); Fotomüller (S.49); joerg kemmler (S.50); Springfield Gallery (S.52 u.r.); angiolina (S.53); FomaA (S.57); Svenja98 (S.63 u.); Vetriya (S. 6 u.r., S. 9 alle, S. 11 m.r., S.12 o.l., S.13 m., S.20 m.; S. 21 u.m., S.22 m., S.23 u.r., S.24 o.l./m.r., S.26 o.l./o.r., S. 27 u.r., S. 30 o.l./o.r., S. 40 o.l., S.44 u.m., S. 47 u.r., S. 48 o.l., S. 54 u.r., S. 58 u.l., S. 60 m., S. 62 o.l./u.r., S. 63 m.r., S. 64 alle); **Ingimage.com** (S.48 u.m.)